DISCOURS

Sur la Vente des Biens Eccléfiastiques, & fur la néceffité de l'attribuer, pour Paris, au feul Bureau de Ville, à l'exclufion des Sections, &c.

PRONONCÉ à l'Affemblée générale des Repréfentans de la Commune de Paris, le 14 Juin 1790, & imprimé par ordre de cette Affemblée.

PAR J. P. BRISSOT DE WARVILLE.

MESSIEURS,

JE ne puis qu'applaudir à la pureté des intentions, & à l'efprit qui ont dicté le Rapport que vous venez d'entendre. Mais, après avoir attentivement examiné toutes les objections qu'il renferme, je crois devoir perfifter dans ma Motion, & même l'étendre, & je vous dois compte de mes motifs.

Je commencerai par l'article de votre compétence; on la contefte; on dit que la vente des Biens Eccléfiaftiques eft du reffort des feuls Commiffaires nommés par les Diftricts ou Sections.

A

Cette Question est véritablement importante; car elle doit décider votre existence; si vous n'êtes pas compétens, vous ne l'êtes pour rien; & vous devez cesser d'exister. Cette Question mérite donc d'être approfondie.

Soit que je consulte la Raison, soit que je lise les Décrets de l'Assemblée Nationale, je trouve qu'à vous seuls appartient la surveillance, le conseil sur cette grande opération, comme la direction & l'administration en appartiennent à votre Bureau de Ville.

De quoi s'agit-il en effet ? d'acheter & de vendre des Biens Ecclésiastiques. Comme, dans l'origine, il étoit question de prendre des engagemens pour le paiement, comme l'achat étoit réel, comme il y avoit un cautionnement spécifié, comme, en un mot, on engageoit les habitans de Paris, il étoit naturel de prendre leur vœu dans les Districts sur cette opération. Mais leur intervention devoit se borner à cette émission de vœu; &, s'ils approuvoient, comme ils l'ont fait, la Raison vouloit que la suite de l'opération fût entièrement confiée à votre Bureau de Ville; car, à ce moment, commençoit l'exercice du pouvoir administratif; & il est absurde que des Districts puissent s'ériger en corps administratifs, lorsque le Conseil général lui-même, qui n'est qu'un, en est pourtant reconnu incapable. Je n'examine point par quelle

manœuvre on a interverti cet ordre ; comment
on a bouleverſé toutes les idées de la Municipalité ; comment on eſt parvenu à engager
les Diſtricts à méconnoître tout à la fois &
les pouvoirs de leurs Repréſentans confirmés
par l'Aſſemblée Nationale, & les pouvoirs même
de leurs Adminiſtrateurs de l'Hôtel-de-Ville
qu'ils ont tant de fois eux-mêmes confirmés.
Quoi qu'il en ſoit, l'intrigue l'a emporté ſur
la Raiſon, les Diſtricts ont tenté de dépouiller
leur Municipalité de ces pouvoirs ; ſe recon-
noiſſant bientôt eux-mêmes incapables de ſuivre
cette opération, ils l'ont confiée à douze Commiſſaires ; ce n'eſt plus dans votre ſein qu'on
a raiſonné cette opération ; la diſcuſſion s'en
eſt faite dans une autre Aſſemblée qui s'inti-
tule *la Commune*. Quel bon Citoyen, au mi-
lieu de ces combats de pouvoirs, ne gémit pas
de l'anarchie qu'ils entraînent, & de la dé-
fiance qu'elle réfléchit néceſſairement ſur une
opération ſi ſalutaire & ſi preſſante ! Quel bon
Citoyen ne gémit pas de voir M. le Maire lui-
même préſider non-ſeulement cette Aſſemblée
ſchiſmatique, mais les vingt Aſſemblées ou
Commiſſions que les Diſtricts ont enfantées
ſucceſſivement, tantôt pour un projet de ca-
naux, tantôt pour le Pacte Fédératif ! Ainſi
chaque affaire a été le prétexte de créer un
nouveau Conſeil général ; ainſi tout a été ver-

fatile, ambulatoire; ainfi il n'eft pour M. le Maire, ni Bureau de Ville, ni Confeil de Ville, ni Affemblée générale; tout s'anéantit devant lui; & nous fommes Libres !..... Il eft pénible pour un bon Citoyen qui voudroit n'avoir qu'à le louer, d'être obligé de cenfurer fa conduite; mais la vérité doit l'emporter fur toutes confidérations; & M. le Maire a manifeftement oublié ce que nous fommes, ce qu'il eft & ce que font les Diftricts. D'eux, vient votre pouvoir; mais une fois conféré, le leur ceffe; ou il n'y a plus qu'anarchie. Comment M. le Maire a-t-il oublié cette vérité politique, que, là où il exiftoit une repréfentation, le pouvoir des repréfentés ceffoit ! Comment donc a-t-il cherché à vous mettre fans ceffe en oppofition avec vos Commettans ! Comment s'opiniâtre-t-il à leur conférer la commiffion de vendre les Biens Eccléfiaftiques, fans vous en référer !

Ou vous n'êtes rien, ou vous êtes le Confeil général; fi vous n'êtes rien, pourquoi l'Affemblée Nationale a-t-elle confirmé, par plufieurs Décrets, votre exiftence & vos travaux ? Si vous êtes le Confeil général de la Municipalité, comme on n'en peut douter, toutes les opérations qui, pendant votre exiftence, font confiées à l'Adminiftration de la Ville, tombent donc naturellement fous votre furveillance.

Donc la vente des Biens Eccléfiaftiques eft

de votre reſſort. C'eſt à vous, à vous ſeuls qu'il appartient d'en diſcuter, d'en modifier les conditions.

Il eſt bien vrai que votre Bureau de Ville a propoſé ſeul à l'Aſſemblée Nationale le plan de la vente des biens. J'oſe le dire ; il a fait une faute ; il devoit vous conſulter, avoir votre ſuffrage. Car, que vous conſultiez, ſoit le Réglement proviſoire qui régit cette Municipalité, ſoit celui adopté par l'Aſſemblée Nationale, vous y verrez que cette opération tomboit dans la claſſe de celles qui doivent être ſoumiſes d'abord à la diſcuſſion du Conſeil général de la Commune.

On m'objecte que l'Aſſemblée Nationale elle-même a reconnu les pouvoirs des Commiſſaires des Diſtricts ; que ſon Comité traite avec eux : & je réponds que l'Aſſemblée Nationale n'a jamais cru qu'il y eût une autre Commune que la vôtre ; ce que je tiens poſitivement de pluſieurs membres ; ſi l'on a ſubſtitué une autre Commune, c'eſt une ſurpriſe : & je réponds que le Décret de vente aux Municipalités, porte expreſſément que les douze Commiſſaires de l'Aſſemblée Nationale aviſeront contradictoitement avec les membres élus par la Municipalité de Paris ; & vous êtes cette Municipalité réunie avec l'Adminiſtration ; c'étoit donc à vous, ou au moins à votre Bureau de Ville à nommer ces Commissaires.

L'article I.er du Décret du 10 Mai confirme encore cette disposition. Il porte que les demandes d'achats de Biens Ecclésiastiques seront faites en vertu d'une délibération du Conseil général de la Commune; & certainement, vous le représentez, ce Conseil général, en attendant l'organisation définitive.

Ce Décret du 10 Mai a changé entièrement le plan proposé par la Ville de Paris, & a rendu nulle l'intervention de ses Districts. En effet, par ce Décret, on supprime les cautionemens; par ce Décret, on arrête que les Municipalités compteront de Clerc à Maître. Que resulte-t-il de ces dispositions? Que la vente aux Municipalités n'est plus qu'une fiction; que leur engagement n'est qu'une chimère. Or, puisqu'il n'y a point d'engagement, il n'y a plus nécessité à avoir de pouvoirs des Districts. D'après le Décret du 10 Mai, les Municipalités ne sont plus que des Agens entre la Nation & les Acquéreurs. Cette vente n'est donc plus qu'une commission, qu'une affaire d'administration, &, par conséquent, elle ne peut regarder les Districts; elle ne peut regarder, quant à l'exécution, que le Bureau de Ville. Ce Bureau y étoit déjà naturellement appellé par les déclarations qu'il a reçues fur les Biens Eccléfiaftiques.

Auffi, Meffieurs, n'eft-ce pas fans étonnement que, dans un compte rendu, dit-on, à la Commune de Paris, dans fes foixante Sections, j'ai vu demander de nouveaux pouvoirs pour fuivre cette vente. C'eft-à-dire, que ces Commiffaires veulent entièrement dépouiller votre Bureau de Ville de cette opération. Je ne fais s'il ont réuffi à obtenir une majorité de fuffrages; mais s'ils l'ont; mais s'ils prétendent diriger cette vente avec les Commiffaires de l'Affemblée Nationale, le bon ordre & les droits qui vous font confiés par la Commune exigent que vous réclamiez, avec le Bureau de Ville, contre une ufurpation qui ne peut manquer d'avoir de funeftes conféquences.

En effét, Meffieurs, l'Adminiftration doit être une, ou elle eft détéftable. S'il exifte un Bureau de Ville ici, & un autre Bureau de Ville à l'Archevêché, il y a néceffairement anarchie; & le bien public exige que l'un ou l'autre foit anéanti.

Voilà le combat où vous êtes réduits maintenant. J'ofe le dire; vous avez malheureufement trop différé à le livrer. Vous avez craint, fans doute, qu'on ne vous accufât de vouloir étendre votre autorité; &, tandis qu'on vous reprochoit fon extenfion au-delà de fes bornes, par une intention bien louable , sans doute, mais dans la vérité dangereuse , vous vous laissez dépouiller de vos pouvoirs. Le terme est arrivé où vous ne pouvez reculer ; le bien public exige que vous réclamiez la vente des Biens Ecclésiastiques pour votre Bureau de Ville.

Je dis le bien public ; car, si cette vente est confiée aux seuls Commissaires nommés par les Districts, je demande comment ils seront responsables ? par qui seront-ils surveillés ? à qui rendront-ils compte ? A Dieu ne plaise que j'élève des doutes sur la probité d'aucun de ces Commissaires ; ceux qui me sont connus n'excitent en moi qu'un sentiment d'estime ; mais il faut être inflexible sur les Principes. Le plus honnête Administrateur doit être assujéti à une sévère responsabilité, à une exacte surveillance. Or, qui sera le surveillant de ces Commissaires à la vente ? M. le Maire. Il est lui-même Administrateur & , par conséquent, surveillé, & non surveillant. La Commune de l'Archevêché ? mais cette Assemblée, dont l'objet premier a été très-louable, ne peut être le Conseil général de la Commune, puisqu'elle n'a été élue ni suivant les formes du Réglement provisoire, ni suivant les nouvelles. En un mot, vous existez légalement , & , par conséquent, il ne peut y avoir d'autre Conseil général que

vous. Surveillerez - vous ces douze Commiffaires? Ils vous conteftent vos pouvoirs. Enfin,
fera-ce les Diftricts qui furveilleront? Mais eft-
il poffible de croire que foixante Affemblées
générales de Diftricts examineront, vérifieront,
difcuteront les comptes de deux-cents millions
de biens; c'eft - à - dire qu'une opération diffi-
cile pour une feule Affemblée peu nombreufe,
réunie tous les jours, deviendra facile pour
foixante Affemblées nombreufes, formées par
intervalles irréguliers, & compofées de per-
fonnes que leurs affaires empêchent, prefque
toutes, de fe livrer conftamment à des travaux
politiques, longs & pénibles? Et comment, d'ailleurs, obtenir l'unité de fuffrages, entre foixante
Affemblées, fur une opération qui renfermera
des milliers d'articles compliqués! Ce miracle
fe réalife à peine fur des queftions très-fimples.

Auffi, Meffieurs, n'a-t on cherché à s'affran-
chir de votre furveillance que pour n'en avoir
aucune. On a bien calculé que la furveillance de
foixante Diftricts n'étoit qu'une chimère, tandis
que la vôtre s'exerceroit conftamment. Et, fi
les Diftricts avoient bien fenti leur véritable
intérêt, ils auroient vu qu'en reprenant tous
les pouvoirs, ils les paralyfoient, qu'ils retom-
boient ou dans le cahos, s'ils vouloient tous
agir, ou fous le defpotifme d'un ou de peu
d'individus, s'ils reftoient dans l'inertie.

Meſſieurs, dans le ſyſtême des douze Com-miſſaires, il n'y a plus ni reſponſabilité ni ſurveillance. Et, quelqu'idée que vous ayez de leur honnêteté, on ne peut livrer une opé-ration auſſi importante aux hazards d'erreurs ou de dilapidations qu'il ſera impoſſible de rec-tifier ou de pourſuivre.

On ne peut reſſuſciter cette ſurveillance, cette reſponſabilité qu'en rentrant dans l'ordre, qu'en remettant au Bureau de Ville l'exécution, & à cette Aſſemblée la ſurveillance.

Je crois vous avoir prouvé, Meſſieurs, que les Décrets de l'Aſſemblée Nationale vous la donnoient; que ces Décrets s'accordoient ainſi avec la nature des choſes, & avec les principes. Mais, s'il vous reſtoit encore quel-ques doutes, le Décret rendu dernièrement par l'Aſſemblée Nationale, devoit les diſſiper tous. Il autoriſe la Municipalité de Paris à adminiſtrer, comme Diſtrict, les Biens Ecclé-ſiaſtiques de ſon reſſort, en attendant la for-mation du Département. Or n'eſt-il pas na-turel que celui qui adminiſtre, vende ? N'eſt-il pas à portée de mieux connoître, & par con-ſéquent de mieux vendre ? Et ne ſeroit-il pas plus ſimple, ou moins diſpendieux, plus con-venable pour les Acheteurs, de charger de cette opération plutôt un ſeul Bureau que deux Bureaux.

Vous feriez donc coupables, j'ofe le dire, de négliger plus long - temps vos droits & ceux du Bureau de Ville; vous devez les reprendre; &, fi l'on vous les difpute, vous devez écarter toute timidité, toute complai-fance; elles en feroient funeftes. Vous devez demander que le Bureau de Ville foit déformais chargé de la fuite de cette opération, avec les Commiffaires de l'Affemblée Nationale, fous votre furveillance, & fous celle du Confeil général qui vous fuccédera; & c'eft une motion expreffe que j'ajoute à celles que je vous ai déjà préfentées.

Eh! Meffieurs, ne foyez point effrayés par l'objection qui vous fera faite; que la Municipalité nouvelle eft à la veille de s'organifer. Qui le defire plus que moi, plus que vous tous; car c'eft une juftice que je vous dois? Qui d'entre nous ne fouhaite pas de voir un terme à cette anarchie, où les vrais pouvoirs ont été fi fouvent foulés aux pieds par l'ambition intrigante, & par l'égarement de Citoyens féduits.

Mais fait-on donc le terme où cette Municipalité doit s'organifer? Sait-on combien de temps abforberont les difcuffions fur les limites des Sections? Mais, en attendant, ne peut-on vendre ou accélérer la vente? Mais cette vente n'eft-elle pas preffante? Mais peut - on perdre un feul moment? Ne font-ils pas tous précieux? Et, dès-lors, doit-on laiffer faire irrégulièrement ce qu'on peut faire régulièremenr.

Ne foyez pas davantage effrayés par la crainte de déplaire aux Diftricts, ou de caufer des difcuffions nouvelles ; cette conféquence feroit à appréhender, qu'elle ne devroit point vous arrêter, lorfqu'il s'agit de rétablir l'ordre, & de faire le bien public. Mais, d'ailleurs, Meffieurs, ces terreurs font chimériques. Toùs les Diftricts renferment des hommes fages, qui aiment, qui veulent le bien. C'eft à cette maffe de bons patriotes qu'il faut adreffer votre réclamation. Un feul trait les éclairera : cette vente n'eft-elle pas affaire d'adminiftration ? Les Diftricts doivent-ils fe mêler d'adminiftration ? Non. Cette queftion, ainfi fimplifiée, raménera ces efprits fages & convaincus, ils porteront cette conviction dans les Diftricts.

Ah ! Meffieurs, s'il eft des Affemblées où les partis ayent une durée plus courte, où les préjugés s'enracinent moins, où la vérité fe faffe plus tôt entendre, & foit plus fouvent accueillie, ce font celles des Diftricts. L'intrigue peut les égarer quelque temps ; mais la vérité les raméne, quand elle combat avec conftance, parce que là il y a plus d'hommes étrangers aux partis, & aux calculs fecrets de l'ambition.

La réclamation que je vous propofe en ce moment, le Confeil de Ville a fenti enfin la néceffité de la faire ; & permettez-moi de vous rendre compte des débats & de la Délibération prise, à cette occasion, le sept du courant.

Plusieurs Membres de ce Conseil, & sur-tout M. Desmousseaux, dont vous connoissez le bon esprit, se sont élevés vigoureusement contre les Pouvoirs irréguliers, sollicités des Districts, pour cette vente. « Il est sûr, disoit ce dernier, que l'Assemblée-Nationale n'a point entendu autre chose, par les Membres de la Municipalité, que les Commissaires choisis dans le Conseil de Ville, & que cette distraction de fonctions est inconstitutionnelle & dangereuse. La Municipalité de Paris jouit de tous les Pouvoirs définitifs dans ses opérations, quoique ses Administrateurs ne soient que provisoires ; & c'est un manque à la Loi d'avoir cédé à M. le Maire & à douze Commissaires des Sections particlles, qui ne font point Corps, ce que l'Assemblée Nationale attribuoit positivement à la Municipalité. M. le Maire a eu tort de convoquer les Districts pour nommer des Commissaires, & de n'avoir assemblé le Conseil que lorsque les nominations étoient faites. Je demande que cette irrégularité soit reconnue & inscrite sur nos Registres, & qu'on nomme des Commissaires pour l'exécution des Décrets de l'Assemblée-Nationale ».

Qu'a répondu M. le Maire présent ? « Je n'ai point, a-t-il dit, convoqué les Districts ; quarante-

avoient déjà nommé ; & je n'ai écrit aux quinze reflans que pour leur faire favoir le vœu de la majorité. Au refte , MM. , je fuis auffi bon Citoyen qu'aucun de vous. Je *défire le bien* , & je *me hâte* de le faire. Il eft douloureux d'être perpétuellement entre différens Corps qui fe heurtent dans leurs Pouvoirs & leurs Prétentions ».

Quelle foibleffe , MM. , dans cette juftification ! Qu'importe ici par qui les Diftriats étoient convoqués ? Il falloit examiner s'ils l'étoient pour un objet qui fût de leur compétence ; & , s'ils étoient incompétens , il falloit fe leur remontrer ; ne pas accueillir leur *Adreffe* ; ne pas préfider leur Députation à l'Affemblée Nationale , ou , au moins , il falloit en référer au Confeil général de la Commune. M. le Maire *défire le bien*, *fe hâte de le faire*. Mais le fait-on , en violant toutes les Loix , toutes les formes , en provoquant des défordres , en s'arrogeant une autorité exclufive ? Il fe plaint d'être heurté , froiffé entre les différents Corps. Mais les droits & les fonctions de ces Corps font limités par des Réglemens , & par des Décrets de l'Affemblée-Nationale ; & un Maire , qui eft Membre de cette augufte Affemblée , devoit-il les ignorer , & les fouler aux pieds ? Devoit-il , fous prétexte d'échapper aux froiffemens , aux prétentions fuppofées de ces Corps légaux, créer dix autres Corps illégaux, qui décuplent l'anarchie & les froiſſemens. C'eſt prétendre qu'on éteint un incendie en y jettant des matières combuſtibles.

La diſcuſſion, au Conſeil de Ville, a été terminée par un *Arrêté* qu'il a pris de préſenter une *Adreſſe* à l'Aſſemblée Nationale, pour la prier de déclarer ce qu'il convient à la Municipalité de faire, dans l'état actuel des choſes; d'adreſſer une *Lettre* aux Diſtricts, pour les inſtruire de ce qui s'eſt paſſé au Conſeil à cet égards.

'On ne peut qu'applaudir à la modération de cet Arrêté. Mais, Meſſieurs, cette modération eſt dangereuſe, lorſque l'on conteſte des droits inconteſtables; lorſque le réſultat de la moleſſe peut être une dilapidation effroyable. Ce que le Bureau de Ville n'a pas oſé demander, vous devez, en vous joignant à lui, le demander; ſupplier l'Aſſemblée - Nationale d'ordonner à ſon Comité de la vente des Biens Eccléſiaſtiques, de ſe concerter, pour la vente qui regarde Paris, avec votre Bureau de Ville, ſous la ſurveillance du Conſeil général de la Commune.

Après vous avoir prouvé votre compétence, je dois répondre aux objections élevées contre les trois branches de mon ancienne Motion.

La première porte un remercîment à l'Aſſemblée Nationale, pour la décharge de cautionnement des foixante - dix millions , & le témoignage de votre zèle pour rechercher les auteurs des offres criminelles.

On vous a dit que cette double affaire étoit finie. Mais , parce qu'un bienfait eft confommé , s'en fuit-il qu'on ne doive aucun acte de recon-noiffance ? Et , parce que vous avez enjoint à vo-tre Procureur-Syndic de pourfuivre les auteurs de ces offres fcandaleufes , s'en fuit-il que vous ne deviez pas faire connoître votre fenfibilité , votre zèle , vos recherches à l'Affemblée , au fein de laquelle la Commune a été compromife ? Je laiffe à votre fageffe le foin de pefer encore fi cet acte n'eft pas un devoir , une néceffité , depuis la malheureufe altercation qui s'eft éle-vée , à cet égard , entre vous & M. le Maire , depuis la publicité qu'elle a reçue & qui s'eft propagée , jufques dans l'Affemblée Nationale même.

La deuxiéme partie de la Motion confifte à offrir , à l'Affemblée Nationale , de ne prendre fur le feiziéme de bénéfice que les frais , & de verfer l'excédent dans la caiffe publique.

On trouve l'intention noble ; mais les be-foins de cette Ville arrêtent cette générofité. Eh ! Meffieurs , fi un pareil calcul pouvoit entrer dans vos têtes , il me feroit facile de vous prouver que , par calcul même , vous devez être généreux. Pouvez vous , en effet , vous diſſimuler que vos dépenſes, pendant le cours de cette glorieuſe révolution, n'ayent été & ne ſoient encore immenſes? Pouvez vous eſpérer de faire face à ces dépenſes avec le léger profit que rendra la vente, déduction faite des frais? Et, puiſqu'il peut être démontré que ces profits ne peuvent couvrir qu'une très-petite partie & de vos beſoins & de vos dettes, ne vaut-il pas mieux abandonner ce profit, ne vaut-il pas mieux, en s'élevant à des conceptions dignes de la révolution, vous repoſer ſur l'Aſſemblée Nationale du ſoin de payer vos dettes & de pourvoir à vos beſoins; provoquer enfin un ſyſtême général ſur le paîment des dettes municipales, le ſeul qui puiſſe s'accorder avec une Conſtitution libre & égale, le ſeul qui puiſſe convenir à des Municipalités-ſœurs, qui veulent partager également les anciens & les nouveaux fardeaux?

Et tel eſt encore le motif d'intérêt avec lequel on veut écarter la troiſiéme partie de ma motion, c'eſt-à-dire la limitation des ventes des Municipalités à leur territoire. Paris, me dit-on, aura peu de profits, puiſque les Biens Eccléſiaſtiques qui ſont dans ſon territoire ne montent pas à deux-cents millions. En le ſuppoſant, qu'importe qu'elle n'ait pas ce profit, ſi la Nation bénéficie de cette limitation comme je l'ai prouvé? S'il eſt vrai que, par cette limitation, on évite le gaspillage, & qu'on vende mieux (& MM. vos Commiſſaires n'ont pas nié ce principe) n'en réſulte t-il pas un double profit pour la Nation ? Et Paris ne doit-il pas alors ſacrifier ſon intérêt privé, à l'intérêt national ? Loin de nous donc ces vils calculs que j'ai vu répétés dans le compte dont je vous ai déjà parlé, où l'on transforme cette Capitale en une Horde de Spéculateurs avides, qui ſe hâtent d'offrir, pour accaparer au moins le quart de ſeiziéme, dans le cas de ſubrogation ? Loin de nous ces calculs des profits que rapporteront les Agences & Commiſſions lointaines aux Citoyens de cette Capitale, dont la révolution a tant altéré la fortune. Ne flétriſſons pas la gloire qu'ils méritent, pour avoir ſuporté, avec fermeté, tous ces revers. Ils auront un terme ; l'ordre nouveau qui ſe prépare offrira des moyens nouveaux & plus honorables à l'induſtrie & aux talens. N'anticipons pas ſur ces moyens, en convoitant des Agences qui ne pourroient s'exercer qu'au détriment général, & qu'en excitant la jalouſie des autres Municipalités.

N'en doutez pas, Meſſieurs, ces combats de priorité de Soumiſſions entraîneroient des rivalités & des haînes, tandis qu'en ſuivant la nature des choſes, cette jalouſie n'exiſteroit point. Et ne craignez pas encore qu'il y ait des Municipalités qui refufent de vendre ; le bénéfice accordé les engagera toutes à fe hâter de vendre ; &, s'il en étoit de pareffeufes, d'infouciantes, ou de malveillantes, les Départemens remédieroient bientôt à cette négligence.

Enfin, Meffieurs, ce que je vous ai propofé, la force des chofes va le réalifer malgré vous. Il y a maintenant plus de huit-cents millions de Soumiffions, tandis qu'il n'y a en vente que quatre-cents millions de Biens. Il fe fera certainement une réduction proportionnelle ; &, par l'effet de cette réduction, Paris fe trouvera réduit à la moitié de la fomme qu'il a offerte, c'eft-à-dire à la valeur des Biens Eccléfiaftiques que fon territoire renferme. Cette Capitale ne fera donc point léfée en fe bornant à fon territoire.

Mais, en déclarant qu'elle veut s'y borner, elle aura donné un grand exemple, un exemple néceffaire pour d'autres Municipalités, que l'intérêt peuvent porter à s'étendre fur un territoire étranger ; enfin elle déterminera peutêtre l'Affemblée-Nationale à adopter cette mefure de limitation, propre à prévenir les querelles qui vont s'élever entre les Municipalités.

Je perfifte donc & fupplie l'Affemblée de délibérer & fur cette limitation, & fur les autres branches de ma Motion, & notamment fur l'attribution au feul Bureau de Ville de la vente des Biens Ecclésiastiques.

Je le fais, Messieurs, pour adopter cette Motion, il vous faut du courage ; car il est pénible d'avoir à luter contre des frères ; d'avoir des préventions à détruire : il est pénible d'encourir le reproche bannal de s'arroger l'autorité, lorsqu'on ne fait que remplir un devoir ; lorsque le bien public exige impérieusement ce devoir. Mais, Messieurs, votre mission vous fait la loi ; & vos Commettans auroient le droit de vous reprocher un jour de l'avoir trahie, sur-tout si cette vente étoit suivie de dilapidation. Prouvez leur, aujourd'hui, que cette réclamation n'a d'autre objet que leur propre intérêt : ce langage de la Vérité vous conciliera, de nouveau, leur affection.

De l'Imprimerie de LOTTIN l'aîné, & LOTTIN de S.-Germain, Imprimeurs Ordinaires de la VILLE, 1790.